Oksana Drusenthal

# Toxische Beziehungen. Narzissmus

Oksana Drusenthal

# Toxische Beziehungen. Narzissmus

## Erkennen. Verstehen. Besiegen

Trainerverlag

**Imprint**



Cover image: www.ingimage.com

Publisher:
Der Trainerverlag
is a trademark of
Dodo Books Indian Ocean Ltd. and OmniScriptum S.R.L publishing group

120 High Road, East Finchley, London, N2 9ED, United Kingdom
Str. Armeneasca 28/1, office 1, Chisinau MD-2012, Republic of Moldova, Europe
Printed at: see last page
**ISBN: 978-620-0-77054-7**

# Toxische Beziehungen

# 1. Toxische Beziehungen

Beziehung - ist nicht das Ziel und nicht Inhalt des Lebens sondern nur ein Mittel um ein vollkommenes Leben zu führen. Wir Menschen sind soziale Wesen und wir brauchen andere Menschen um glücklich zu sein oder auch unsere Sorgen und Trauer zu teilen. Seit der Geburt entwickelt sich das Kind unter Einfluss von elterliche Liebe und Fürsorge und später im Kindergarten, Schule usw. lernt es mit anderen Kinder umzugehen, soziale Kompetenzen entwickeln und zur einer reife Persönlichkeit werden. Das ist ideale Weg einer Entwicklung.

Wie erkennt man denn dass die Beziehung toxisch ist? oder dass die Person mit der wir gerade kommunizieren für uns toxisch ist?

Das größte Problem dabei ist - dass diese Toxizität ist unsichtbar und ungreifbar wie Radiation. Wir sehen sie nicht, wir riechen sie nicht, aber sie vergiftet uns, zerstört uns von innen: wir haben weniger Energie, weniger Antrieb und Selbstvertrauen - schaffen auch weniger, freuen sich seltener, nicht mehr glücklich und zufrieden mit der Welt und mit sich selbst...Oft können wir gar nicht beschreiben oder begreifen - WAS genau auf uns so negativ wirkt. Eigentlich ist das doch nur "gut gemeint" - so wirde es sehr oft verpackt, als Fürsorge, guter Rat, reine Interesse: "ich möchte doch nur das beste für Dich!"; "... wir sind doch beste Freunde"; "ich will ja nur helfen"; "...ich hab ja nur gefragt!" usw. usw.

Klingt vertraut oder? Und wenn das eine nahestehende Person sagt, mit Nachdruck und weiche Stimme, sanften Lächeln und uns noch tief in die Augen schaut... wie könnte es toxisch sein?? Aber WARUM fühlen wir uns oft unwohl dabei?

Woher kommen dann die Persönlichkeitsstörungen und die toxische Beziehungen?? Leider spielen die Eltern eine entscheidende Rolle dabei. Um einen Hund anzuschaffen muss man einen Eignungstest und Sachkunde - Prüfung machen. Ein Kind zu bekommen ist nicht so kompliziert. Keine Prüfungen, keine Eignungstests - die würden sehr wahrscheinlich viele werdende Eltern nicht bestehen. ich hatte einige Jahre für einen Jugendhilfeträger im Auftrag des Jugendamtes gearbeitet - mit schwererziehbaren Jugendlichen mit und ohne Migrationshintergrund. Und darum bin ich überzeugt, dass diese Arbeit müsste man mit den Eltern anfangen.

1. Also dann - fangen wir mit einfachsten, am meisten verbreiteten toxischen Persönlichkeiten. Sie haben evtl. keine richtige Beziehung mit diese Menschen, das ist eher eine toxische Begegnung - es können Nachbarn, Kollegen, alte oder neue Bekannte sein. Haben Sie schon mal erlebt - dass bei einem Gespräch mit einer bestimmte Person fühlen Sie sich schon nach kurze Zeit irgendwie unwohl, unzufrieden, ausgelaugt... obwohl Sie kurz davor noch voller Energie und Optimismus waren? Kennen Sie solche Menschen, die immer zu nahe treten, Ihre persönliche Grenzen mit ihre Fragerei überschreiten. Sie würden gerne sagen:"Das geht Sie überhaupt nicht an! Ich will nicht darüber reden und schon gar nicht mit Ihnen!" ... Aber Sie sind ja höflich und gut erzogen, Sie trauen sich nicht das zu sagen - also verwickeln Sie sich weiter in dieses Gespräch eigentlich ganz ohne Tiefgang, über halmlose Sachen, manchmal hören Sie einfach die Nörgelei und Beschwerden aus und merken - diese negative Energie färbt auf Sie ab, bzw. Ihr Gesprächspartner schein es besser zu gehen wärend er sein ganze Mist auf Sie abgeladen hat und Ihnen die Lebensenergie entzogen hat. Solche Menschen werden auch energetische Vampiere genannt. Sie holen sich Selbstbestätigung, Aufladung mit positive Energie und Selbstaufbau auf Kosten den "Spender" - den ahnungslösen Opfer, die Ihre eigene Grenzen nicht richtig schützen können. Oft passiert es unbewusst.

Es kann auch eine ganz kurze zufällige Begegnung sein - im Supermarkt, im Bus, auf der Straße... Sie kennen diesen Mensch gar nicht, sie führen auch kein Gespräch mit dem. Es reicht manchmal einer kurzen einfachen negativen Bemerkung, die mit seine unerwartete Böswilligkeit, Grobheit, Frechheit usw. Sie so trifft, dass Sie nicht sofort reagieren können. Sie fühlen sich sprachlos, hilflos, vom Dampfwälzer überrolt. Und es beschäftigt Sie noch stundenlang später - wie Sie reagieren sollte, was hätten Sie antworten sollten. Manchmal merken Sie erst viel später, dass dieses eigentlich kleines Ereignis hat Ihre ganze emotionale Sphäre mit negative Energie gefüllt, Ihre Laune ist endgültig verdorben, der Tag ist gelaufen...

Wahrscheinlich war diese grobe oder böse Bemerkung gar nicht persönlich gegen Sie gemeint. Kann sein, dass dieser Mensch immer schlechtgelaunt ist und an llen und jedem sein Frust rauslässt. Das können Sie nicht wissen, sollen Sie auch nicht! Sie brauchen KEIN VERSTÄNDNIS für solche Menschen zu haben! Es ist völlig egal warum und wieso er so negativ ist. ER darf das nicht auf anderen Menschen ausspielen. Dass der jeniger nicht mit eigenen Emitionen umgehen kann ist sein Problem. IHR Problem - sich von der negativen Emotionen andrern Menschen zu schützen!

Wie schaffen Sie das? Ganz einfach!

Natürlich kann man nicht allzeit bereit für fremde Angriffe durch die Gegend laufen! Das würde auch permanenten Streß bedeuten. Ganz im Gegenteil - Sie sollen total entspannt sein. Wenn so eine toxische Begegnung passiert - entspannt können Sie es leichter an sich vorbei ziehen lassen, am besten gar nicht registrieren, oder fragen Sie den "Angreifer" möglichst verwundert : "Reden Sie mit mir??"... und im keinen Fall irgendeine Reaktion zeigen! Sich nicht ins Gespräch einwickeln lassen, absolut unbeeindruckt weiter gehen und den Vorfall sofort vergessen!

Wenn es am Anfang noch nicht so gut klappt und sie merken, dass eine oder andere Bemerkung sie länger beschäftigt oder ärgert als Ihnen lieb ist und Ihre Laune doch darunter leidet und innere Unwohlgefühl droht den Tag zu verderben - da gibt es ein paar tricks um Ihr eigenen gehirn zu überlisten.

***1.Tipp:*** Wenn es Ihnen öfer passiert, dass Sie draußen unangenehm angesprochen, angemeckert werden von unbekannten zufälligen Menschen - stellen Sie sich vor, Sie haben einen kleinen "Zauberspiegel" in der Tasche, mit deren Hilfe können Sie die negative Energie abweheren. So wie beim Tennisspiel: der Gegner wirft Ihnen eine geballte Ladung von seiner negative Energie - und Sie schlagen bzw. reflektieren die mit dem Spiegel zurück an den Absender.(Gedanklich natürlich!)

Die Damen können sogar ihr Kosmetikspiegel immer mit in der Tasche tragen - zur Sicherheit. Sie werden sich wundern wie es wirkt.

***2.Tipp:*** Machen Sie den Gegner klein und unbedeutend. Eigentlich ist das auch so unbedeutend, ein gant fremder Mensch mit seine ganz unwichtige für Sie Meinung... Aber gerade weil er bei Ihnen evtl. einen Triggerpunkt getroffen hat - kommt er Ihnen sehr groß und unangenehm vor. Also - kleiner machen! Stellen Sie sich diesen Mensch zuerst so wie Sie ihn gesehen haben - in reale Größe und fangen Sie ihn langsam zu verkleinern in Ihren Gedanken, lassen Sie ihn schrumpfen zuerst bis zur Halbergröße und immer weiter... Kennen Sie die Geschichte vom Gulliver? Sie sind der Gulliver! Stellen Sie sich vor, dass Ihrer Angreifer so klein wie ein Lego-Männchen ist und hat so eine Stimme wie die Liliputaner in der Verfilmung von "Gullivers Reisen". Sie werden lächeln. Die Bedeutung von diese Person und eurer Begegnung ist viel kleiner geworden, die wird jetzt zweitrangig und wird immer weiter nach hinten von Ihrem Alltag verdrängt und letztendlich vergessen.

2. **Die Neugierige** - das sind Menschen die jagen die persönliche Werte und Energie von den anderen. Die stellen unheimlich viele Fragen, die eigentlich sie auch nicht angehen und wenn Sie sogar versuchen sich zu wehren - sagen sie ganz unschuldig:"Ich frag´ja nur!" Und fragen weiter nach Ihre wichtige Gefühle, Emotionen, Pläne - und sobald Sie sich öffnen und über etwas persönliches sagen - sei es ein Taumurlaub oder Schulprobleme des Kindes - egal was, es wird von negative Energie dieser Person "beschmutzt". Und Sie bereuen es gleich, dass Sie es gesagt haben und werden einige Stunden bis Tagen brauchen un dieses unangenehmes Gefühl los zu werden und neue Energie zu tanken.

3. **Grobiane/Provokateure** - diese Menschen sind immer auf Streit und Skandal aus. Sie sind ständig auf der Suche nach einen Konflikt und können sich auch von Ihrer negative Reaktion ernähren.

4. **"Proffessionale" Opfer** - das sind bestimmte Menschen die immer unglücklich, mit allen unzufrieden sind, von allen ungerecht behandelt werden und brauchen Ihre Mitleid, Zustimmung, Hilfsbereitschaft usw. Sie können schon nicht nur Energie bei Ihnen aussaugen sondern auch Ihre Zeit und evtl. tatkräftige Unterstützung - wenn Sie nicht schaffen rechtzeitig "Nein" zu sagen.

Alle diese toxische Peronen gibt es oft in unsere nähere Umgebung, in der Familie. Die sind nicht so schlimm wie die andere - die wir gleich weiter besprechen. Die Wirkung von diesen energetischen Vampieren nicht lebensgefählich, sie werden sich nach einige tage ohne Kontakt mit ihnen wieder erholen, neue Energie tanken und hoffentlich - die Lehre daraus ziehen und beim nächten mal deutlicher und schneller Ihre Grenzen zeigen oder den Kontakt ganz vermeiden. Z.B. wenn Ihnen so eine Person wieder zufällig begegnet ist, können Sie sagen."Es tut mir sehr leid, ich bin in eile, habe überhaupt keine Zeit. Lass uns ein anderes mal reden!"

5. **Tyrane/Sadisten/Psychopathen/Chefs** usw. - das sind die toxische Personen mit etwas höheren Grad der Gefählichkeit. Da ist eine gewisse Abhängigkeit von diese Person vorhanden - z.B vom Chef. Den könne Sie nicht so abwimmeln wie eine neugierige Nachbarin. Dem müssen Sie schon zuhören und nicht nur ein mal und nicht ein Tag - sondern immer und immer wieder. Das könnte zum Problem werden. Es gibt mittlerweile immer mehr Patienten in Psychosomatischen Kliniken mit verschiedenen Störungen auf Grund schlechter Arbeitsbedienungen, Mobbing, Streß am Arbeitsplatz, Überforderung usw. usw. Weil eine starke psychische Belastung Tag ein Tag aus auf dauer kann körperliche Beschwerden hervorrufen. Da ist schon eine professionale Hilfe notwendig! Oft wird auch Arbeitgeberwechsel empfohlen.

Und wenn die vorherige Gruppen von toxischen Personen und Kontakt mit denen könnte man meiden, mit nächsten 3 Gruppen ist das sehr schwierig bis fast unmöglich. Das sind die nahestehende Familienangehörigen. Die sind meist die schlimmsteVampiere!

6. **Die Eltern**: Die liebe "Mütterchen" vereinen in sich alle 5 ersten Gruppen. Sie können von harmlosesten Neugierde, Nörgelei und Jammern bis zu schlimmsten Manipulationen und Entwertung anwenden. Dass sie die persönliche Grenzen noch nie beachtet haben - ist fast selbstverständlich - "Ich bin doch Deine Mutter!" Mutter weisst alles besser, Mutter macht alles "nur zur deinem Besten", sie tut ALLES für Dich und "DU wirst noch später dafür danken!" usw. usw. Und wie soll man bitteschön hier die Grenzen setzen oder Kontakt vermeiden?? Die Mutter ist doch ein Heiligtum in der Familienbund. In vielen Kulturen darf man der Mutter gar nicht widersprechen. Und weil sie schon seit Ihrem Geburt da ist und von Anfang an SO ist wie sie ist - werden Sie entweder schon psychische Störungen oder zumindest ein paar Komplexe haben oder Sie werden ständigen Streß und

wenig Kontakt mit ihr haben. Dann widerum werden Sie schlechtes Gewissen haben, dass Sie Ihre Mutter enttäuscht haben, kein liebes Kind sind usw. In beiden Fällen werden Sie professionelle Hilfe brauchen.

Das selbe gilt auch für Väter. Wenn ein sehr dominanter, strenger evtl. sogar gewalttätiger Vater in der Familie ist - vor dem man sich vollkommen hilflos und klein fühlt (egal wie alt man schon ist!) - ist es auch sehr schwierig eigene Grenzen zu schützen. So entstehen in der Familie die schlimmsten und dauerhaften toxische Beziehungen.

7. **Ehegatten.** Mit dem Alter wächst die Familie, da kommen die Ehepartner ins Spiel. Wir werden jetzt nicht genau besprechen wer warum welchen Partner aussucht, warum manche Menschen immer wieder den gleichen Muster in der Beziehung haben und die gleiche Enttäuschungen erleben. Das ist ein anderes großes Thema. Wir nehmen es als Tatsache - bei der toxische Beziehung in der Ehe ist das meistens Co-Abhängigkeit. Einer quällt den anderen - in jedem Fall der oder die stärkerer unterdrückt den/die schwächeren, beide sind unglücklich, aber beide können nicht anders und darum können sie sich nicht trennen. So können sie ein langes und unglückliches Leben zusammen verbringen "bis der Tod uns scheidet"... Und stellen Sie sich vor - was für unglückliche und gestörte Kinder kommen aus solchen Familien!

## Die wichtigsten Anzeichen einer toxische Beziehung

1. **Gewalt.** Egal welche Art von Gewalt in der Beziehung vorkommt - ob psychisch oder pfysisch - das ein sicheres zeichen, dass diese Beziehung toxisch und zerstörerisch für Sie ist und muss schnellstmöglich beendet werden! Die verschiedene Arten von Gewalt - Abus - werden wir weiter genauer besprechen.

2. **Vertrauensbruch.** Sie können sich auf diese Leute nicht verlassen. Wenn Sie in eine schwere Minute um Rat oder um Hilfe Iheren familienangehörigen gebeten haben und Ihre tiefste Ängste oder zweifel mitgeteilt haben im vollen Vertrauen - weil "Blut ist dicker als wasser"... Uns später stellen Sie fest dass Ihre Geheimnisse kennt nicht nur die ganze verwandschaft sondern evtl. auch Nachbarn...- ist das eine schmerzhafte Erfahrung. Noch schmertzhafter wenn irgendwann später im Streit diese Information gegen Sie genutzt wird z.B. als Vorwurf oder Druckmittel.

Sie werden doch im keinen fall dieser Person noch mal Ihr Vertrauen schenken!

3. **Degradation.** Die ältere Generation kennt das als normale Rollenverteilung: nach dem Heirat sollte die Frau zuhause bleiben, sich nur um Kinder, Haushalt und die Bedürfnisse ihres Mannes kümmern. In einigen Kulturkreisen ist das immer noch üblich. Aber in unsere schnelle und moderne Zeit haben alle die gleiche rechte auf Selbstverwirklichung, berufliche Entwicklung, persönliche Meinung und Entscheidungsfreiheit. Wenn der Ehepartner schränkt seine Frau in ihrer Freiheit - wenn es auch erst logisch und harmlos aussieht, z.B. nach der Geburt des Kindes"...ah Schatz, bleib doch ein paar Jahre erst mit dem Baby zuhause, danach werden wir schon sehen..." In diese schöne Zeit kann (muss nicht!) eine weitere Einschränkung kommen - weniger Freizeit, bedeutet automatisch weniger Zeit für sich selbst, für Hobbys und Freunde/innen. Das führt zu reduzierung den persönlichen Resursen.

**4. Kritik mit und ohne Grund.** Die Kritik selbst ist gut und wichtig - wenn sie konstruktiv und neutral ist, wenn sie positiv vorgetragen wird um uns zu helfen die Fehler zu verstehen, sich weiter zu entwickeln, verbessern usw. Aber wenn die Kritik ständig - mit und ohne grund negativen Charakter trägt, ist abwertend oder beleidigend ist - dann ist das ein Gift für Ihre Selbstwertgefühl! Solche Kritik ist auf Dauer sehr toxisch und kann Ihre seeliche und emotionale Gesundheit gefärden!

**5. Abwertung.** Auch die kleine "unwichtige" Bemerkungen von der Art "die Hose saß früher etwas lockerer", "...Du bekommst das nie hin!"

Es kann auch verdeckt ausgesprochen werden, so dass es eigentlich gut klingt, aber ein kleiner giftiger stachel ist doch dabei:" Es freut mich sehr, dass Du endlich mal die Lohnerhöhung bekommen hast!" oder "Ich mache doch alles für dich mein liebes Pummelchen!" - wenn das vielleicht gar nicht so lange gedauert hat oder sogar evtl. eine reguläre jährliche Lohnerhöhung war und die/der Partner/in überhaupt nicht übergewichtig ist. So wird alles unterschwellig runtergespielt und abgewertet. Es zählz nicht nur WAS gesagt wird, sondern auch WIE es gesagt wird.

**6. Ignorieren.** Es gibt Menschen die nach dem Streit Wochenlang(!) den Partner/in mit dem Schweigen bestrafen. Besonders schlimm ist das für den jenigen der immer nach ein gespräch sucht, der auf Kommunikation und Rückmeldung viel Wert legt.

Oder eine andere Art von Ignoranz - nicht beachten von persönlichen Werte, Emotionen, Gedanken und Meinung von der betroffener Person. Vielleicht wird die Person sogar nach ihrer Meinung gefragt und dennoch ignoriert. Das enttäuscht, das tut weh und auf Dauer mindert das Selbstwertgefühl.

**7. Kontakt nur bei Bedarf.** Es gibt solche menschen die melden sich bei Ihnen nur dann wenn sie etwas von Ihnen brauchen: sei es ein Gefallen, materielle oder emotionale Hilfe. Sie kommen auf Sie zu und bleiben einige

Zeit in Ihrer Nähe, können sogar etwas für sie tun aber nur solange bis sie bekommen die Ressoursen die sie gebraucht haben. Sofort danach verschwinden sie wie vom Winde verweht - bis zum nächsten mal, wo Sie denen nützlich sein können.

Aber wenn Sie mal auch um Hilfe und Unterstützung bieten - werden die nie zeit für Sie haben, werden Ihre Probleme als nichtig abtun und Ihnen auch noch schlechtes Gewissen vermitteln, dass Sie überhaupt um Hilfe gebeten haben und mit Ihre Kleinigkeiten gestört haben.

**8. Schnelle Wechsel von positiven und negativen Verhalten** Ihnen gegenüber. Solche menschen können Sie gerade evtl. laut beschimpfen, kritisieren und erniedrigen, aber sobald Sie sich umdrehen um wegzugehen und sich aus der Reichweite zu entfernen - schalten sie sofort auf positives verhalten, können sich sogar entschuldigen und Sie loben - nur um die Kontrolle über Ihnen zu behalten.

**9. Lügen.**

Es gibt manchmal Situationen wenn Sie genau wissen dass Sie angelogen werden, können das aber nicht beweisen, bzw. sichh nicht durchsetzen. Ihre narzisstische Person besteht frech und hart darauf, dass sie "das nicht gesagt/getan hat", dass es "ganz anders gewesen", usw.usw. Auch die andere Familienangehörigen evtl. das auch Bescheid wissen, wird die narzisstische Person so hartnäckig auf eigene Version bestehen, Sie so unglaubwürdig darstellen, Ihre Selbstsicherheit angreifen, Sie abwerten usw. - dass Sie irgendwann anfangen an sich selbst zu zweifeln.

**10. Untreue.** Die Untreue kann physischer oder auch psychologische, emotionale Art haben. Es muss ja nicht unbedingt körperlich-sexuelle Untreue sein. Wenn Ihre Partner/in wärend des Sex mit Ihnen an ein berühmten Hollywoodstar denkt - wäre das auch schon Untreue?? darüber kann ma lange diskutieren.

Es kann aber mit gemeinsamen Idealen passieren. Wenn beide anfänglich auf gleiche Sachen/Ideale großen Wert gelegt haben und waren sich einig. Und nach einige Zeit stellt sich raus, dass der anderer hinter dem Rücken seines Partners gegen diese ideale gehandelt hat oder sich ganz gegen die ausgesprochen hat.

11. **Abwesenheit von Sicherheitsgefühl.** Egal was das Opfer macht und tut - es kann nie richtig machen, es kann nie sicher sein welche Reaktion gleich kommt. Mit der Zeit fällt dem Opfer immer achwer die Entscheidungen zu treffen, es fängt an an eigenen Fähigkeiten und Urteilsvermögen zu zweifeln.

12. **Doppelte Botschaften.** Das ist eine ganz gemeine technik, die noch mehr für Verwirrung des Opfers sorgt. Die benutzen oft passiv-agressive Personen. Praktisch sieht das so aus: es wird eine Botschaft laut gesagt, z.B. "Mach doch was Du willst!" - aber es wird in SO einem Tonfall und mit so einem schwerwigendem Unterton gesagt, dass es absolut klar zur spüren gibt - Du darfst in keinem Fall das machen was Du willst...

Oder "DU schaffst das bestimmt!" - aber auch mit so einem Ton, dass die letzte Hoffnung für Erfolg sofort erlischt.

Oder wenn die Körpersprache weicht von dem Gesprochenem ab. Jemand sagt Ihnen etwas nettes, aber dabei hat überhaupt kein Augenkontakt oder unterbricht ihn ständig und kann Ihnen nicht direkt oder nicht lange in die Augen schauen.

Ganz besonders schlimm wenn solche doppelte Botschaften von Eltern an ihre Kinder gesagt werden. Die Kinder haben noch keine Erfahrung, sie können das noch nicht so gut unterscheiden und auseinander halten, sie werden damit total verstört und verunsichert. Sie wissen nicht was sie glauben sollen und wie sie reagieren sollen.

13. **Wahl ohne Wahl.**

Noch eine zweideutige Art von Botschaften die sogar manchmal von Erzieher empfolen wird bei Kinder anzuwenden. Wenn die Frage gestellt wird "Blumenkohl oder Brokkoli?" - hört sich das so an ob das Kind eine Wahl hätte was es zum essen bekommt, zumindest fürs Kind. Aber wenn das Kind beides nicht mag - ist das keine Wahl. Es muss im jeden fall Gemüse essen. Mag sein dass in der Erziehung so eine Methode hilfreich sein kann damit das Kind überhaupt lernt Gemüse zu mögen.

Bei Erwachsenen ist ein klassischer Beispiel für Wahl ohne Wahl: "Zu Dir oder zu mir?" Diese Frage schließt die Absage/Ablehnung von Anfang an aus, also - keine Wahl. Z.B. nach einem Date, Kino- oder Restaurantbesuch nimmt der Abuser an dass der Abend weiter geht obwohl das überhaupt nicht abgesprochen war.

14. **"Schaukel"** Sehr oft wird es von Narzissten oder anderen manipulativen Peronen so genannte emotionale Schaukel angewandt. Es geht die erste Zeit alles sehr gut, das Opfer bekommt viel Aufmerksamkeit, Lob, Zuwendung und Liebe und plötzlich wegen irgendeine Kleinigkeit wir es bestraft mit Liebesentzug, Schweigen, totalen Neglegt. Nach mehrfache Entschuldigungen und Versuchen alles wieder gut zu machen - wird es wieder liebervoller imUmgang. nur mit der Zeit werden die harmonische Perioden kürzer und kürzer und die negative Erscheinungen immer öfter und heftiger.

15. **Triangulation.** Ein Narzisst benutzt Triangulation um seinen Opfer noch mal zu abwerten und in Vergleich mit anderen unwichtig und unbedeutend zu machen. es kann seine Mutter sein, die alles besser macht, besser weisst, leckerer kocht als seine Partnerin..

Das können seine kumpels aus der Fußballmanschaft sein, die immer an erste Stelle für ihn stehen werden, für die er immer Zeit hat für ein Bierchen statt mit der Partnerin zum Arzt zu gehen...

Oder es kann seine geliebte Katze sein die in diesen Moment wichtiger gestellt wird als Partnerin. Wenn z.B. sie ganz traurig ist und braucht seine Zuwendung und Nähe - wird ihre Bedürfniss zurückgestellt und die ganze Aufmerksamkeit und Liebe der Katze übertragen, sie wird ausgiebig gestreichelt und gekuschelt - extra vor der Nase vom Opfer.

Wenn Sie 3 und mehr von diesen Zeichen feststellen können - befinden Sie sich in eine toxische Beziehung. Sie können die Person damit konfrontieren und alles besprechen - was nicht so einfach ist wie das klingt. Oder Sie können ohne große Drama mit höflichen Satz diese Beziehung beenden:

**"Ich habe das Gefühl - unsere Umgang tut mir nicht mehr gut. Ich merke, dass mir nach unseren Treffen schlechter geht als es zuvor war. deshalb möchte ich den Kontakt nicht meht fortführen!"**

Wenn Sie das laut ausgesprochen haben, sollten Sie auch konsequent bleiben und keine Ausnahmen zulassen! Sonst machen Sie sich unglaubwürdig.

# 2. Wie erkenne ich einen/einer Narziss/in??

Als erstes möchte ich darauf hinweisen, dass die narzisstische Persönlichkeitsstörung ist genauso bei Frauen wie bei Männer einzutreffen ist! Sollen mir die Gender-Theoretiker meine freiheit verzeihen - um mir das einfacher zu machen werde ich nur einen Artickel benutzen: entweder der Narziss oder die narzisstische Persönlichkeit, dabei sind aber immer beide Geschlechter gemeint.

Noch eine bemerkung am Rande: die Persönlichkeitsstörung ist **keine** Krankheit! Also kann sie auch nicht behandelt werden ohne ausdrücklichen Wunsch der betroffener Person. Es gibt viele verschiedene Störungen der Persönlichkeit und die meisten werden als "Besonderheit des Charakters" vom näheren Umfeld wahrgenommen und werden somit lebenlang nicht behandelt. Nur wenn die betroffene Person selbst darunter leidet und nach Hilfe und Veränderung sucht - kann sie therapiert werden. Da der narzisstischen Persönlichkeit jedliche Einsicht fehlt - diese Persönlichkeit ist die Perfektion im Person! - kommt hier Therapie überhaupt nicht in Frage. Höchstens bei den anderen - mit ihm unzufriedenen, aber nicht beim Narziss selbst! Also - die beste Therapie ist die Früherkennung und Kontakteinschränkung/ Vermeidung!

Auf den ersten Blick kann man einen Narziss niemals erkennen, an den ersten Tagen und Monaten ist das der nettester, liebster, aufmerksamster, intelligenester usw. Mensch den Sie jemals getroffen haben! Das ist seine Maske, seine Rolle die er sein ganzes Leben spielt, ein von ihm selbst aufgebauter Charakter, eine perfekte Persönlichkeit, die er selbst bewundert und liebt und alle andere müssen das auch tun. Hinter dieser Fassade versteckt sich eine zutiefst verletzte, traumatisierte Seele, die niemals für Sie zum Vorschein kommt - weil er sie auch von sich selbst versteckt, so schmerzhafte Gefühle sind damit verbunden! Und weil diese Versteckspiel schon in früher Kindheit angefangen hat - hatte der Narziss jahrelang geübt und entwickelt seine Fähigkeiten die Menschen wie die offene Bücher zu lesen - das war schon immer überlebenswichtig für ihn die Stimmungen und Emotionen von Personen um ihn herum möglichst früh zu erkennen und sich anzupassen um sein Schmerz zu vermeiden. Das ist ein Naturtalent - die Körpersprache und die kleinsten Emotionsausdrücke von Menschen zu lesen. Darum beim ersten Kennenlernen wird es Ihnen das perfekte Bild presentiert - perfekt genau für Sie, ganz genau nach ihren Vorstellungen! Und Ihre Begeisterun und

Bewunderung - ist DER Balsam für seine Seele nach dem er sucht. Und solange Sie ihn bewundern - wird er in Ihrer Nähe bleiben und von Ihren emotionalen Ressoursen sich ernähren.

# 3 Typen von Narzissen

## 1. Klassischer Narziss (grandiös, einzigartig, prachtvoll)

Diesen typ ist am einfachsten zu erkennen, der ist auch am meisten verbreitet - wie gesagt unter Männer und Frauen im gleichen Massen.

Es gibt unzählige Gründe und Uhrsachen für die Entwicklung dieser Störung, aber die alle liegen in der Familie. Bei diesem typ handelt es sich um eine emotionale Leere. Wenn die Eltern ihrem Kind zu wenig Liebe, Zuneigung, Wärme und emotionale Nähe geben können - fühlt sich das Kind unsichtbar, unbeachtet, ungeliebtund total unglücklich. Das tut seiner kindlicher Seele unglaublich weh, unbewusst entsteht die Überzeugung "so wie ich bin braucht mich niemand". Um diese traumatisierte nicht entwickelte Persönlichkeit erfüllte mit der Angst der Ablehnung, Schmerz, Scham zu schützen baut das Kind einen Schutzschild - eine perfekte Persönlichkeit, den grandiösen, unübertroffenen, einzigartigen Narzissen. Da er keine Zustimmiung und Bestätigung von den Eltern bekommen hat und selbst ist im Grunde schwache unentwickelte Persönlichkeit - ist er absolut abhängig von der Bestätigung von außen. Er braucht ständige Bewunderung, Lob, Zustimmung von allen in seine Umgebung. Um diese zu bekomen benutzt er alle mögliche Wege und Tricks, auch die Manipulation. Er ist ein ausgezeichnete Kenner der Körpersprache und Emotionen der Menschen, wobei er selbst keine emotionale Empathie besitzt. Er KENNT alle Emotionen von anderen Menschen und weiss sie zu nutzen, aber Mitgefühl ist ihm fremd. Die Zeit der Bewunderung ab ersten Kennenlernen bis zum ersten Zweifel, bis seine Enttarnung als Narziss - kann sehr lange dauern. Solange er hochgelobt und hervorgehoben wird - bleibt er ein "gütiger Herrscher". Erst als ein erstes Zweifel an seiner Echtheit kommt, oder noch schlimmer - Kritik an ihm! - wird er seine dunkle Seite zeigen.

### Fallbeispiel

Eine 46-Järige Frau nach der schwere Scheidung und tiefe Enttäuschung trifft einen 20 Jahre älteren Mann, der ihr sehr scharmant und vorkommend erscheint. Der Man zeigt sich wirklich sehr fürsorglich und gefühlsvoll, hilft der Frau mit Rat und Tat. Aber im keinen Fall finanziell mit Begründung:"Du bist stark! Du schaffst das auch alleine." Die kleine Warnung, die er getätigt hat "ich bin so wie ich bin. ich werde mich nicht ändern. Du musst micht so nehmen wie ich bin!" - hat die Frau nicht gestört:"Was sollte er ändern?? Er ist doch perfekt wie er ist!" Die Frau ist begeistert von dem Man und seine Aufmerksamkeit, sie bewundert ihn regelrecht. Er genießt es sein Spiegelbild in ihrer leuchtenden Augen zu betrachten, von ihr bewundert zu werden. Als ein typischer Narziss Hat er großen Spaß eine Frau zu erobern, zu verzaubern und von ihr auf seinen Thron gesetzt zu fühlen. Gleichzeitig versucht er mit allen Mitteln die Frau nach seinen Idealvorstellungen zu formen. Nach ein paar Monaten legt sich die erste Euphorie bzw. die erste kleine Reibereien, die sie noch nicht als Konflikt beschreiben kann, führen dazu dass Begeisterung vorbei ist. Der Man gibt nicht nur ungefragte Ratschläge, er spart auch nicht mit Kritik, die immer heftiger wird und auch verletzend für die Frau. Wenn sie ihn darauf anspricht - statt sich zu entschuldigen wird er böse und ungehalten. Alle Tatsachen werden so gedreht und zu seinen Gunsten ausgelegt, dass SIE sich noch entschuldigen sollte. Sein Spiegelbild hat die erste Risse bekommen und die Frau als "Spiegelhalterin" ist nicht mehr so wunderbar und interessant für ihn geworden. So dass er schon offen versucht ihr Selbstwertgefühl anzugreifen und sie zu unterdrücken. Es geht so weit dass die Frau gar nichts mehr recht machen kann: "Du atmest zu laut!" oder "Du schluckst zu laut!", "Wie guckst du denn?? Mach dein Gesicht anders!" "Schalte doch dein Gehirn ein!" usw. und das alles noch bei getrennten Wohnungen. Anfänglich war die Frau überrascht von der Wandlung und hat versucht mit dem Man lange Gespräche zu führen um ihn zu verstehen und Situatuon zu klären. Nach mehreren Versuchen hat sie feststellen müssen, dass der Man überhaupt kein Einsicht hat wenn er sie mal verletzt. Er ist immer im Recht, ER hat was zu sagen, ER macht alles richtig, SIE musste sich immer entschuldigen. SIE muss immer Verständniss für ihn haben, aber er selbst hat es nie.

Nach ca 1,5 Jahre dieser toxischer Beziehung musste die Frau professionelle Hilfe suchen wegen mittelschwerer Depression. Sie war mehrere Wochen in ambulante Behandlund einer psychiatrische Tagesklinik. Danach hatte sie die Kraft gefunden diese Beziehung zu beenden.

Das ist ein deutlicher Beispiel einen narzisstischen Manipulators. Narzisstische Persönlichkeitsstörungen sind gar nicht so selten, nur sie sind verschieden ausgeprägt und von den nahestehenden werden oft als Charakterssonderheiten abgetan. Und so lange keiner sich davon gestört oder bedroht fühlt und vom "Narziss" selbst kein Einsicht oder Beschwerden gibt - gibt es kein Behandlungsbedarf, bzw. Bedarf ist da nur ohne Kläger keine Behandlug.

Nur leider ist dieser Beispiel nicht ganz klassisch - in der Regel dauern solche Beziehungen viel länger, manchmal das ganze Leben. Viele Frauen merken es gar nicht wie sie sich im Laufe der Zeit verändern. Viele entwickeln emotionale Abhängigkeit und wenn sie es auch schaffen sich vom narzisstischen Manipulator zu trennen, brauchen sie sehr viel Zeit um wieder zur sich selbst zu fenden.

In diesem Fall haben wir eine starke Frau gesehen, die zwar viel Geduld und Opfer bringen musste, hat sich aber ziemlich schnell befreit. Die Liebe kann blind machen, soll aber nicht blöd machen.

## 2. Verdeckter/heimlicher Narziss

Dieser Typ von Narzissen ist ohne offensichtlichen Darstellung von seiner Einzigartigkeit und grandiöse Selbstliebe. Dafür hat er zu wenig Ressoursen!

Die Ursache liegt auch in der Kindheit und seine Eltern, aber ganz im Gegenteil zum 1. Typ - hier haben die Eltern das Kind nicht adequat, "übermässig grandiös" erzogen, überfüllt: "Du bist der Beste!", "Du bist unser größte Hoffnung", "Du schaffst alles", "Keine kann Dir das Wasser reichen", usw. usw. Gleichzeitig wird das Kind unglaublich hohen Erwartungen ausgesetzt und wenn es sie auf eine minimale Art und Weise nicht erfüllt - wird es als Versager, Nichtsnützer eine Niete beschimft und abgewiesen. Dieses Kind wird dauernd von eigenen Eltern erniedrigt, verletzt, regelrecht zerstört. So wächst es zu einem verbitterten, haßerfüllten, beleidigten, unscheinbaren Narzissen, der ser oft und hingebungsvoll die Opferrolle spielt. das ist ein raffinierter feinfühliger und sehr toxischer Manipulator! Der manipuliert seine Opfer über die Gefühle von Mitleid, Scham, Schuldgefühl usw. Er ist erfüllt mit Neid zum Erfolg den anderen. "Dieser Erfolg steht eigentlich ihm zu, aber die böse Umstände haben es so ungerecht gedreht"...

## 3. Perverser Narziss

Das ist der gefährlichster Narziss von allen! Der besitzt den Scharm und Unwiderstehlichkeit, und Ressoursen vom 1.Typ - den satten, zufriedenen grandiösen Narzissen kombiniert mit ausgeklugelten Manipulationen und Psychospielchen den 2. Typ - heimlichen Narzissen und noch mal aufgestockt mit Sadismus und Grausamkeit eines Psychopaten.

Für die Entwicklung dieses Störungsbildes sind auch - wie in beiden anderen Fällen die Eltern verantwortlich. Wenn sie selbst Narzissen sind oder haben selbst andere Störungen, sadistische Neigungen usw. Wenn solche Eltern ihre Kinder ständig erniedrigen, entwerten, ablehnen, schlagen oder zufügen anderen körperlichen oder seelischen Schmerz - wird es zu so einem 3. Typ von Narzissen aufwachsen.

Solcher Narziss holt sich nicht einfach so die emotionale Ressoursen von seine Opfern - er zerstört und foltert sie ganz bewusst und gnadenlos, weil es ihm ein Vergnügen bereitet.

Seine Opfer sind nicht schwache Personen wie beim 2. Typ - ganz im Gegenteil er sucht sich erfolgreiche, stabile, selbstsichere und talentierte Persönlichkeiten, die er versucht langsam und zielgerichtet zu zerstören. Das ist sein perverses Spiel, wie ein Kreuzworträtsel - je schwerer die Aufgabe desto mehr Spaß hat er bei jeden kleinem Erfolg auf dem Weg zum Ziel: "So eine starke, großartige Person habe ich zerstört!" Das kann jahrelang dauern. Und das schlimmste dabei - nach außen, für die Kollegen, Nachbarn, Behörden usw. behält er den Schein den perfekten, scharmanten, lieben, hochintelligenten und fürsorglichen Menschen. Keiner wir seinem Opfer glauben oder helfen wollen. Das Opfer wird im besten Fall belächelt und als labil und unglaubwürdig wahrgenommen. Ich glaube - so eine Geschichte war in Hollywood verfilmt.

## 9 Zeichen einer narzisstische Persönlichkeit

**1.** Beim ersten Kennenlernen und die kurze Zeit danach versucht ein Narziss sein Opfer zu überzeugen an seiner ernsthafte Interesse und Begeisterung an Ihrer Person. Er wird aktiv "attakieren" mit seine Aufmerksamkeit und Liebe.

**2.** Zu viele gleiche Interessen und Werte - das ist kein Glücksfall, sondern seine bewusste "Anpassung" seinerseits. Wenn Sie begeistert sind und glauben eine verwandte Seele gefunden zu haben - verlieren sie Ihre Wachsamkein, öffnen Ihre Seele und Herz und merken erst gar nicht, dass Sie zur leichte Beute werden.

**3.** Erobern "um jeden Preis". Wenn ein potenzielles Opfer hat viele Ressoursen, die gerade für diesen Narziss von Bedeutung sind - wird er/sie keine Mühe und Zeitaufwand scheuen um sein Opfer zu bekomen. Er/sie wird immer wieder versuchen - auch nach mehreren Absagen. Und alles nur mit einzigem Ziel - es zu schaffen und Selbstbestätigung zu holen.

Dabei ist eine "Risikogruppe" - die Frauen, die gerne mögen "erobert" zu werden.

**4.** Alle Narzissen berichten nur negatives über ihre vergangene Beziehungen. Alles war schlecht, sie wurden nicht geschätzt, nicht verstanden, ausgenutzt usw. Die Schuld an der Trennung liegt immer bei der anderer Person.

**5.** Fliertet mit anderen in Ihre Anwesenheit. Einerseits ist das eine Demonstration von eigener Popularität beim anderen Geschlecht. Sie werden sich automatisch in ein Konkurrenzkampf eingezogen fühlen. Andererseits soll es Ihnen zeigen, dass Sie die/der Auserwählte sind. Sie sollen sich geehrt und verpflichtet fühlen, weil trotz so eine "große Nachfrage" bleibt er/sie doch bei Ihnen.

**6.** Übermässiges Fürsorgen. Der Narziss wird vorschlagen alle mögliche Sachen für Sie zu erledigen: Sie irgendwo hinzubringen oder abholen, für Sie einkaufen, Briefe schreiben, Überweisungen betätigen, günstigeren Handy-Vertrag zu machen usw.usw. Das ist alles sehr angenehm und verlockend so entlastet und unterstützt zu werden. Viele Frauen tappen gutgläubisch in diese falle rein...Vorsicht! Die Kehrseite der Medalie - ist eine totale Kontrolle!

**7.** Es gibt keinen Narziss der sich selbst nicht lobt!

Das ist normal sich selbst ab und zu auf die Schulter zu klopfen und zu sagen:"Das hab ich gut gemacht!" Und Sie können das auch laut sagen - das ist ein gesundes Selbstwertgefühl!

Aber wenn es passiert jeden Tag - egal ob beruflich oder im Haushalt - das jemand sich selbst so oft lobt und über den anderen stellt. Und dabei auch noch Lob und Bewunderung von anderen erwartet - das ist ein Zeichen dass man diese Person genauer anschauen sollte mit der Frage "Ist das schon eine Narzisstische störung? Wie soll ich darauf reagieren?" Und die Reaktion von Gegenüber weiter beobachten. Sehr oft sind das die Kleinigkeiten: z.B. der Ehemann hat Abendessen gekocht, oder noch eifacher - Staub gesaugt. Und dann macht er daraus ein großes Thema: "Guck mal - ich habe FÜR DICH Staub gesaugt. Hast Du gesehen wie gründlich ich das gemacht habe? Ich hab Dich ja soo lieb! Ich mache ALLES für Dich!" usw. usw. Ein einfaches "Dankeschön" wird nicht ausreichen... Sie werden gezwungen mehrmals für diese Sache sich zu bedanken und zu loben. Und hier schon muss man vorsichtig sein! Einerseits bekommt die narzisstische Persönlichkeit Ihre Bestätigung. Andererseits ist das schon ein Anfang von Manipulation! Durch Ihre Dankbarkeit werden Sie in eine Falle von Verbindlichkeit und Schuldgefühle gelockt. "Ich habe FÜR DICH das und jenes gemacht... also schuldest Du mir auch ein Gefallen..."

**8.** Die persönliche Grenzen des Opfers zu testen und zu überschreiten.

* zu spät kommen; Ob das eine verabredung zum Ausgehen oder einfach nach dem Feierabend nachhause kommen - verspäten ohne Bescheid zu sagen und einen Grund zu nennen ist schon ein kleiner Verstoß gegen Ihre persönlichen Grenzen.

Natürlich im beruflichen Bereich als Angestellter kann man sich nicht leisten zu spät zu Arbeit zu kommen. Aber als Chef ist es durchaus verbreitet auf sich warten zu lassen.

* nicht an eigene Versprechungen halten; die einfachste Sachen im Alltag - versprochen Abends anzurufen... auf dem Rückweg von der Arbeit irgendwas zu erledigen( Milch zu kaufen oder Sachen aus der Reinigung abholen)... am Wochenende zusammen ins kino zu gehen... und dann nicht halten mit banale Ausrede "Vergessen".

Natürlich gibt es genug unzuverlässliche Chaoten auch OHNE narzisstische Störung! Aber auch denen sollen Sie im jeden Fall Ihre Grenzel zeigen!

* keine Empathie für Gefühle anderen menschen. Die Narzisstische Persönlichkeiten können sehr gut die Körpersprache und Emotionen von anderen Menschen erkennen! Das ist für sie überlebenswichtig um an die Ressoursen zu kommen. Sie nutzen die perfekt aus. Aber mitfühlen können sie nicht!

**9.** Narzissen entschuldigen sich NIE!

Sie werden eher alle Tatsachen und Sachverhalt so verdrehen, dass sie noch das Opfer zwingen sich zu entschuldigen!

Mittlerweile gibt es sehr viele englischsprachige Begriffe für verschiedene Technicken, die von narzissen oder anderen gestörten Personen gegen ihre Opfer angewand werden.

Ich finde diese "Amerikanisierung" absolut unnötig. Wenn es sich evtl. besser anhört - bedeutet nicht dass es ich für Opfer besser anfühlt. Mir ist wichtiger und lieber wenn die Tatsachen bei ihren Namen genannt werden. Man sollte nicht alles schön reden!

Wir werden aber trotzdem einige Begriffe besprechen um die Klarheit und Verständnis zu gewinnen.

Als erstes nehmen wir ABUSER dran. Klingt gut? Eigentlich ist das der TÄTER= in unserem Fall Gewalttäter. Weil Gewalt - egal welcher Art ist immer eine Verletzung fürs Opfer. Es gibt körperliche Physischer Gewalt, psycho-emotionaler Gewalt, sexueller und sogar ekonomischer Gewalt.

Manchmal ist sogar psychische und emotionale Gewalt noch viel schlimmer und gemeiner für das Opfer - weil das so unterschwellig und langsam passiert, dass manche Opfer erst das gar nicht begreifen und oft nicht in Worte fassen können - WAS genau passiert? Und es kann jahrelang dauern bis es richtig wahgenommem wird und bis dahin die betroffene person total zerstören oder in Wahnsinn treiben - tatsächlich oder im übertragenem Sinne.

## Zeichen von ABUSING:

**1. Unvorsehbaren Reaktionen.** Wenn das Opfer nicht ganz genau nach den V orstellungen von Abuser sich benimmt, wiederspricht oder unbequeme Fragen stellt oder einfach weil seineLaune sich plötzlich verändert hat - kann er das Opfer jede Zeit "bestrafen". z.B. es steht bevor eine langgepante Familienfeier, oder Theaterbesuch oder Treffen mit Freunde... alles ist vorbereitet, die Frau freut sich sehr, hat sich chic gemacht usw...und jetzt wird sie entweder extra auf irgendeine weise provoziert etwas "falsch" zu machen ( er kommt zu spät nachhause um rechtzeitig los zu fahren oder macht eine unangenehme Bemerkung über den Outfit von der Frau "das Kleid hat schon mal besser gesessen") und sobald die Frau darauf reagiert - wird sie "bestrafft": ..."dann gehen wir GAR NICHT hin!" oder "...dann kannst Du allein hingehen, ich komme nicht mit!" usw. usw.

Die andere Variante - wenn sie schon irgendwo sind (bei Verwandten zu Besuch, im Kino, Restaurant usw. und dort wird auch gezielt nach "falsche" Reaktion gewartet und sofort alles abgebrochen, das Opfer alleine "im Regen stehen" gelassen - und der Abuser verschwindet und vermittelt noch das Schuldgefühl seinem Opfer.

Das bedeutet fürs Opfer auf Dauer ständige Anspannung, Unsicherheit und Angst irgendwas falsch zu machen.

Ich betone das noch mal - Abuser und Opfer können von beide Geschlechte sein! Diese Technik kann genau so gut auch von einer Frau praktiziert werden.

**2. Versprechen nicht halten.** Wenn dem Opfer wird etwas sehr wichtiges versprochen, z.B Hilfe bei eine wichtiger Sache, es wird so zugesichert dass das Opfer evtl. andere Zusagen ablehnt und sich ganz darauf vertraut von diese Person Hilfe zu bekommen... und in letzte Moment wird´s abgesagt oder gar nicht... Einfach nichts gemacht und auch nicht abgesagt - "vergessen" oder "nicht geschafft", "keine Zeit"- bekommt das Opfer Tage später zu hören.

Können Sie sich den seelischen Zustand des Opfers in diesen Moment ausmalen? Wenn man sich so darauf verlässt und im Stich gelassen wird und dann auch als unwichtig abgetan??

**3. Neglegt= Geringschätzung/Verschmähung** von Bedürfnissen des Opfers. Alle Grundbedürfnisse des Opfers (Schlafen, Essen, Financen, evtl. Medikamente usw.) werden hinten angestellt oder ignoriert. Wenn die Frau die ganze Nacht nicht geschlafen hat weil das Kind krank ist und sie nicht zur Ruhe kommen lässt - wird der nicht fragen wie es ihr geht, ob er für ein Paar Stunden übernehmen kann damit sie ein bisschen schlafen könnte. Eher umgekehrt - er nimmt keine Rücksicht auf Sie und macht laute Musik an, telefoniert lange und laut mit Freunde, laut klappern mit Töpfe in der Küche "auf der Suche nach Essbaren". Oder wenn sie selbst krank ist und mit Fiber im Bett liegt - wird sie auch nicht gefragt, ob sie Medikamente braucht. Sie wird alleine gelassen, er geht vielleicht in sein Fitnessstudio und wird nicht fragen oder anbieten auf dem Rückweg etwas zu besorgen.

Oder er kann das beste evtl. letzte Stück aussuchen und aufessen ohne zu fragen - "Hast Du selbst schon(heute) gegessen?" oder noch schlimmer mit so einem Kommentar: "Das ist sowieso nicht gut für Dich... Du musst auf deine Figur achten..."

Zur Neglegt gehört auch ignorieren von Bedürfniss nach körperliche Nähe, Zärtlichkeit und Sexualität. Es gibt tatsächlich Ehepaare, die nicht nut wochenlang sonder JAHRELANG(!) kein Sex haben ohne offensichtliche Ursache: keineKrankheit von beide Partner, kein Streit, kein besonderer Streß... Es wird einfach todgeschwiegen und ignoriert, als unnötig und unwichtig abgetan. Das kann von Frauen wie Männer angewandt werden. Schwer zu vorstellen, aber es gibt solche Männer auch! Die überhaupt kein Körperkontakt mit eigene Ehefrau auf sehr lange Zeit zulassen. So ein Verhalten bringt die Frau ins Zweifeln:"bin ich nicht attraktiv genug?...findet er mich nicht mehr interessant? ...hat er eine andere? usw.usw. Wenn sie versucht diese Fragen ihm direkt zu stellen - bekommt sie keine Antwort. Entweder werden die Fragen auch ganz ignoriert oder wieder abgewunken: "Blödsinn"..."schon wieder Du mit deine Fragerei"...

Eine andere Extreme:

**4. Verlangen nach Sex** ohne Rücksicht auf die Partnerin, ob sie kann oder will spielt keine Rolle. Sie wird unter Druck gesetzt, sie muss ihren Ehepflichten nachgehen, oder sie wird damit bedroht dass er eine Liebhaberin suchen würde, sie wird Vorwürfe bekommen frigied zu sein usw. usw. Wo endet hier psycho-emotionaler Gewalt und fängt schon die Vergewaltigung an?? Die Grenze ist sehr undeutlich. Die dunkle Ziffer ist erschreckend hoch.

**5. Emotionale Kälte.** Wir sind soziale Wesen - darum ist unsere Bedürfnis nach emotionale Nähe, Geborgenheit, Liebe, Herzwärme, Aufmerksamkeit gehört auch zur GRUNDBEDÜRFNISSEN!

Mit der Entwicklung von soziale Medien ist die Vielfältigkeit von toxische psycho-sozialen Wirkungen auf die Opfer stark gestiegen. Außer ganz "normalen" offensichtlichen Mobbing im Netz sind noch viele andere Arten von Abusing dazu gekommen:

**6. Visholding/ Sichthaltung:** Das ist so ein besonderes Verhalten, wenn im persönlichen Gespräch oder über Messenger der Abuser wieder weicht vom Themen ab, ignoriert die Fragen oder das ganze Thema, macht abwertende Bemerkungen und versucht dem Opfer ein Schuldgefühl zu vermitteln - weil er oder sie mit diesen unwichtigen Themen, lästigen Fragen die wertvolle Zeit vom Abuser in Anspruch nimmt.

**7. Gosting:** wenn nach einem schönem Abend zuzweit oder in der Gruppe mit Freunden - alles bestens gelaufen, alle zufrieden, verabschieden sich "bis morgen" in beste Laune... und am nächsten morgen oder schon am selben Abend wird eine Person von ihrem Partner/in total ignoriert: keine Nachrichten werden beantwortet bzw. gelesen, keine Anrufe angenommen. Ohne vorhergegangegen Streit oder Ausseinandersetzung - einfach so, ohne einzigen Wort.

**8. Orbiting:** Wenn dabei das Opfer von dieser Person weiter beobachtet wird - z.B. die Statusen werden angeguckt, evtl. sogar kommentiert oder mit Smilyes markiert... aber alle persönliche Nachrichten weiter ignoriert oder sogar blockiert! Dieses Verhalten hat den namen Orbiting bekommen - der Abuser bleibt in der Nähe und wie ein Mond kreist um das Opfer.

## Ökonomische/Finanzielle Abuser

Wie kann man am besten finanziellen Abusing beschreiben?

Stellen wir uns einen praktischen Beispiel vor.

Es gibt 2 gutr langjährige Freundinen. Eine bekommt neuen Job und zieht in eine große Stadt(evtl. Hauptstadt) um. Nach einige Zeit (ca 1 Jahr) hat sie sich schon gut eingelebt und ruft ihre alte Freundin an. Sie haben sich lange nicht gesehen, sie lädt sie zu Besuch ein...

Bis jetzt ist alles super - sagen Sie, gute Freundschaft, alles nett. Wo ist Abusing?? JETZT fängt das an interessant zu werden!

Die eingeladene Freundin hatte eigentlich schon geplant für ein paar Tage zu ihre Mutter aufs Land zu fahren, kurzen Urlaub in Ruhe mit ihrer Mutter geniessen.

Die einladende Freundin sagt aber."Ah komm, wir haben uns soo lange nicht gesehen, ich habe dich soo vermist! Du warst ja noch nie in der Hauptstadt! Ich werde dir alles zeigen! Es gibt so viel zu sehen und zu erleben! Ich muss dir unbedingt meine neue Wohnung zeigen!" usw.usw.

Sie ist so überzeugend, dass die andere Freundin ihren Besuch bei der Mutter absagt/verschiebt und fährt als herzlichst eingeladene Gast zur ihre Freundin in die Großstadt.

Sie wird von der Freundin empfangen. "Tut mir leid, ich musste heute so viel arbeiten, habe nicht geschafft einzukaufen. Lass uns schnell das zusammen machen." Sie gehen freulich zusammen einkaufen, beladen den Einkaufswagen voll und an der Kasse bekomm die Gastgeberin dringenden wichtigen Anruf, den sie unbedingt annehmen muss. Sie macht so ein unschuldiges Zeichen - "zahl Du mal erst, später werden wir das abrechnen." Die Freundin zahlt bereitwillig und alles erledigt.

Am nächsten Tag gehen sie z.B. in Museum oder Konzert. An der Kasse wieder die gleiche Situation: die Gastgeberin bekommt entweder ein Anruf, oder muss die Schnürsenkel binden, oder bekommt einen Nießanfall - und entfernt sich kurz bevor sie dran kommen von der Kasse.

Wenn sie einen Ausflug machen wollten - hat die Besucherin auch den Wagen von Ihrer Freundin getankt, fürs Essen im Restaurant bezahlt usw. usw.

Nach ein Paar tage verabschieden sie sich wieder und die Gastgeberin sagt mit Nachdruck "weisst Du wie viel mehr kostet so ein Kurzurlaub in der Großstadt?" - um noch mehr Dankbarkeit oder Geld zu bekommen?

Im jeden Fall ist der Besucherin auf ein mal klar geworden - für soo viel geld, dass sie in diese paar Tage unfreiwillig ausgegeben hat - könnte sie tatsächlich einen Kurzurlaub im Luxushotel All inklusiv machen und wäre dann auch als "Kundin ist Königin" behandelt!

Genauso werden auch die Männer "ausgenommen", besonders wenn sie eine neue Beziehung aufbauen wollen. Z.B. der Man kommt seine neue Partnerin zu besuchen und will natürlich zeigen, was er alles im Haushalt kann, bietet seine Hilfe bei Renovierung an oder bei Anschaffung von neuen Möbel oder anderen Sachen.

ACHTUNG! Wenn der Man das selbst anbietet und die Kosten übernimmt - das ist noch keine Abusing! Er wird nur ausgenutzt. Abusing wird mit diesen psychospielchen gezeichnet, dass das Opfer dazu gebracht wird etwas zu machen oder zu bezahlen.

Es kann ein ökonomischer Abusing auch in größeren Ramen gemacht werden.

Noch ein Beispiel: nehmen wir an ein junger Unternehmer/in wird von einer angeblich große Firma angeschrieben, hoch gelobt und zum Zusammenarbeit bzw. Partnerschaft aufgefordert. Es wird so dargestellt, dass dieser Jungunternehmer ein Auserwählter ist und sollte sich seiner Mission gewachsen zeigen. Ihm wird ein Projekt als Probeaufgabe zugewiesen, der muss unter gewissem Zeitdruck viele Aufgaben beweltigen, viel Zeit und Geld investieren damit es gut wird. Die große Firma kontrolliert immer wieder, stellt zusätzliche Aufgaben und Forderungen... Wenn es endlich fertig ist, soll eine Präsentation gemacht werden. Beide Seiten sollen alle Ihre Kunden dazu einladen. Der Jungunternehmer muss alle seine Termine umwerfen, weil die Firma hat sehr wichtige, berühmte und einflüssreiche Kunden als Gäste und Sponsoren eingeladen - und die können nur zu eine bestimmte Zeit die eigentlich gar nicht passend fürs Opfer wäre... Als es endlich soweit ist und der Jungunternehmer den Raum betritt - stellt er fest, dass zur Präsentation ausschließlich nur seine Kunden erschienen sind und nur sie haben ihr Teilnahme bezahlt. Am Ende bekommt er von der Firma zu hören: " Das ist ja nict so gut gelaufen, wir hätten mehr von Ihnen erwartet. Die ganze Einnahmen werden jetzt verrechnet mit UNSEREN Ausgaben für die Werbung, Bearbeitungsgebühren usw. Beim nächsten mal - wenn es besser läuft werden wir das Gewinn 50:50 teilen!" Spätestens jetzt sollte das Opfer weglaufen! Es könnte aber schwer werden, wenn schon irgendwelche Verträge mit der Firma abgeschlossen worden sind.

# Gaslighting

Gaslighting - ist eine ganz besonders schwere Art toxischer Einwirkung auf eine andere Person mit dem Ziel sie ins Wahnsinn zu treiben.

Dieser Begriff stammt von dem Namen eines Filmes - "Gaslight", der im Jahr 1940 erschienen ist. Die Handlung jedoch geht noch viel weiter zurück - ins 19. Jahrhundert, als die Innenraumbeleuchtung noch mit Gaslampen betrieben war. Der Hauptdarsteller manipuliert die Gasleitung im Haus so, dass die Lampen flackern oder ganz langsam schwach werden und dann plötzlich wieder aufflammen...Alles - um seine Ehefrau verrückt zu machen. Die Frau bekommt Angst - sie fragt ihren Man was los ist.. Und er sagt - Was meinst Du?? Es ist NICHTS! das bidest Du dir nur ein!

Der man geht über das leerstehendes Nachbarhaus auf den Dachboden über dem Schlafzimmer seiner Frau und macht viel Krach - stammt laut mit beine auf den Boden, verschiebt alte Möbel, lässt die Türen quitschen... Sobald sie schreiend rausläuft in den Flur und holt das Zimmermädchen - hört er kurz damit auf, solange das Zimmermädchen da bleibt - ist alles ruhig. Wenn sie weggeht - fängt er wieder damit an...

Und das Opfer fängt tatsächlich an eigener Wahrnehmung zu zweifeln.

Vom diesen Filmklassiker abgeleitet hat Gaslighting als Begriff für kaltblutige bewusste Treiben in Wahnsinn des Opfers seinen Platz angenommen.

Natürlich ist das nicht so einfach und nicht so schnell jemanden zu zwingen an eigener wahrnehmung und psychische Gesundheit anfangen zu zweifeln. Die Narzissten machen das langsam und unauffällig, meistens jahrelang. Weil dafür ist eine bestimmte Isolation vom Opfer erforderlich. Zuerst trennen die Narzissten ihre Opfer von deren Freunde/innen - eine nach der anderen. Das Opfer wird immer wieder aufmerksam gemacht auf kleinste unbedeutende Sachen oder Aussagen von eine oder anderee Freundin mit Kommentar "Sie ist bestimmt neidisch auf dich", "Sie gönnt dir nichts gutes", die Anrufe oder Nachrichten werden nicht weitergeleitet oder falsch interpretiert und weitergeleitet an das Opfer. Und damit den Keil immer tiefer zwischen den Freunden getrieben. Oder es wird aus angeblicher Eifersucht so manipuliert an dem Schuldgefühl von dem Opfer, dass sie oder er viel mehr Zeit mit den Freunden/innen verbringt als mit dem narzisstischen Partner/in, dass die Opfer automatisch weniger Kontakt mit ihrem Freundekreis pflegen, gehen keine gewohnten Hobbys mehr nach und grenzen sich langsam selbst aus - um den Streit mit dem Partener zu vermeiden.

Genauso geht es auch mit den Familienmitglieder - der Narzisst versucht den Kontakt zu minimieren um die vollständige Kontrolle über dem Opfer zu erlangen. NUR er/sie ist die wohlwollendste Person die die Liebe und Vertrauen von dem Opfer wert ist. Das ist entscheidend für die weitere Manipulation und Gaslighting. Weil wenn eine fremde unwichtige Person uns sagen wird dass mit uns etwas nicht stimmt - werden wir es nicht glauben, es schaltet sich sofort gesunde Kritik ein in unserem Gehirn ein und wie werden es nicht so ernst nehmen. Also muss es eine sehr nahstehende und wichtige Person für uns person sein damit wir ihr glauben und vertrauen! Und wenn so eine Person mit weiche Stimme und besorgtem gesichtausdruck und sagt:"Liebling, etwas stimmt nicht mit Dir... Das war doch ganz anders - hast Du das vergessen??" Und die tatsachen werden so verdreht ausgelegt, aber so sicher dass irgendwann fängt das Opfer nachzudenken ob ihre Erinnerung doch stimmt, ob sie sich getäuscht hat usw. usw. Wenn das Opfer keine andere Vertrauensperson mehr hat mit wem sie ihre Wahrnehmungen abgleichen könnte, Erinnerungen abstimmen - ob das genau so abgelaufen ist, ob das tatsächlich so passiert und nicht anders und eine andere person es genau so empfunden und wahrgenommen hat - dann geht das Psychospielchen richtig los.

Dazu können auch weitere Tricks benutzt werden - die Freunde oder Verwandte können als Zeugen benutzt werden um zu beweisen dass es alles genauso war wie der narzisstische Person darstellt. Damit werden sie gegen dem Opfer hingestellt und das Opfer unglaubwürdig gemacht.

# 3. Wie schütze ich mich von einem Narziss?

## - eigene Grenzen erkennen und zeigen;

Kennen Sie eigentlich Ihre eigene Grenzen??

Wie erkennen Sie sie?

Wie machen Sie es anderen deutlich - wo Ihre Grenzen sind??

Wie schützen Sie Ihre Grenzen?

## -kann ich so eine Beziehung retten?

Das einzige und das wichtigste was Sie in so eine Beziehung retten können - sich selbst! Bevor Sie sich diese Frage stellen - beantworten Sie sich selbst zuerst eine andere Frage: "Wozu brauchen Sie diese Beziehung?" Warum wollen/sollen Sie sie retten?

Ich kann nur noch mal wiederholen:

Da der narzisstischen Persönlichkeit jedliche Einsicht fehlt - diese Persönlichkeit ist die Perfektion im Person! - kommt hier Therapie überhaupt nicht in Frage. Höchstens bei den anderen - mit ihm unzufriedenen, aber nicht beim Narziss selbst! Also - die beste Therapie ist die Früherkennung und Kontakteinschränkung/Vermeidung!

Wenn Sie aus einem Grund nicht sofort und komplett den Kontakt mit dem Narzissten abbrechen/vermeiden können - z.B. wenn das Ihre Chef ist und die Kündigungfrist lang ist oder wenn das Familienangehörige sind usw. - dann sollten Sie darauf achten einige Aussagen/Phrasen zu vermeiden um Narzissten nicht zu provozieren und sich Ärger zu ersparen.

Wenn Narzisst solche negatie Aussagen und Kritik von Ihnen hört - können Sie einen heftigen Wutausbruch erleben.

1. Sagen Sie es niemals einem Narzissten dass er "...unrecht hat", "hat sich geirrt", fat etwas "falsch gemacht" usw. Dadurch wird er sich angegriffen fühlen und geht sofort zum Gegeneingriff an.

**2.** Kritisieren nicht den Narzissten - ganz besonders in Anwesenheit anderen Menschen und schon gar nicht vor den Menschen auf deren Meinung er großen Wert legt! Oder wenn von diese Menschen erwartet er noch seine Ressourcen zu bekommen.

**3.** Meiden Sie alle Schuldzuweisungen! "Deinetwegen..." oder "Du bist schuld daran"... besonders wenn die Tatsache sowieso offensichtlich ist. Wenn sie zur einem Familienfest oder Teatherbesuch zu spät kommen weil sie(wenn narzisstische Person weiblich ist) sich zu lange geschminkt oder nicht für ein Outfit entscheiden konnte. Oder wenn die narzisstische Person männlich ist - und sie zu spät gekommen sind weil er sich verfahren hat und statt nach dem Weg zu fragen oder die Adresse in Navi zu überprüfen hat versucht selber herauszufinden und immer weiter im Kreis gefahren.

**4.** Sagen Sie es nie direkt "Es gibt wichtigere/klugere/hübschere Menschen als Du!" Z.B. ihr seid auf einer Geburtstag Party, natürlich sollte das Geburtstagskind im Mittelpunkt stehen. Der Narzisst/in wird`s versuchen selbst in Mittelpunkt zu drängeln, alle Aufmerksamkeit auf sich ziehen. Und wenn Sie sagen:"Heute ist aber das Geburtstagskind wichtiger als Du!" - wird der Narzisst von seinem Thron gestoßen und seine Reaktion wird heftig sein.

**5.** Oder wenn Sie sagen "Die Welt dreht sich nicht um Dich!" - wird sich die narzisstische Person sehr wundern - wie könne es anders sein?? genauso wie die kleine Kindern besitzt diese Person tatsächlich keine abstrakte Vorstellung, dass die andere Menschen noch andere Interessen, Pflichten usw. haben können. Sie glauben wirklich dass die Welt sich nur um sie dreht!

Es liegt daran, dass er mit Sicherheit von seinen Eltern schon in jungen Jahren viel kritik und Abwertung erlebt hat. Und weil er ist eigentlich auf diese Entwicklungsstufe stehen geblieben ist. Er kann immer noch nicht trennen seine Persönlichkeit von den Vorwürfen und Kritik.

Darauf basieren die größte Ängste von einem Narzisst:

- dass jemand besser/kluger/hübscher sein kann als er/sie;
- dass ihm/ihr die Quelle von den nötigen Ressourcen weggenommen wird (emotionalen, materiellenusw.);
- dass ihm/ihr der Zugang zum wichtigen Kontakten verwehrt wird;

- dass die kleine Rückschläge sind die Zeichen von einem GLOBALEN Versagen. Die normale Alterungsprozesse- wie Falten oder Haarausfall werden als Katastrophe wahrgenommen. Die Energiekriese oder Covid-Pandemie als komplette Zusammenbruch und Weltuntergang.

Die Ursache liegt in der kindlicher Entwicklung. Ein Kind von Geburt an kann noch nicht bewusst denken, es schreit seine Bedürfnisse laut von sich und die Eltern füttern, wickeln, beruhigen das Kind. Das ist eine normale primäre Narzissmus laut S. Freud - ein Entwicklungsstadium des Kindes. Wenn es sich alles ums Kind dreht und es kann noch selbst nicht für sich sorgen und nutzt die Ressourcen von anderen Personen in seiner Umgebung, vor allem -von den Eltern. Das Kind ist wie die Sonne und alles anderes dreht sich um ihn.

Die Kinder können noch nicht abstrahieren - sie nehmen alles persönlich - wenn die Eltern schimpfen mit ihnen, denken sie dass sie grundsätzlich böse oder schlecht sind. Erst im Lauf der weiteren Entwicklung lernen sie zu verstehen - "ICH bin gut, ich habe ein fehler gemacht... ich werde daraus lernen und noch besser werden..."

Der Narzisst hat es nicht gelernt. Weil seine Eltern ihn das auch nicht gelehrt haben. Statt zu sagen "Das hast Du nicht gut gemacht" hatten sie ihn als "ganzes" angegriffen "DU bist böse/blöd usw.", "DU machst ALLES falsch!" Es hat ihn so tief und schmerzhaft getroffen, dass er das nie überwunden hat... Und genau aus diesem Grund wenn Sie ihn kritisieren wird er das so empfinden, dass Sie meinen er ist grundsätzlich ein Versager, Falschmacher... Dieser Sturz von seinem Himmelsthron in die tiefste Ablehnung ist für den Narzissten so heftig und so schmerzhaft, dass er unheimlich agressiv und wütend reagieren wird - um sein Schmerz zu überdecken.

Wenn Sie Ihre ganze Mut und Kraft zusammengerissen haben und haben sich entschieden aus der toxische Beziehung mit eine narzisstische Person auszusteigen - sollten Sie sich gut vorbereiten, besonders mental. Weil es kann sehr unangenehm und sogar heftig werden und Sie sollten wissen was Sie erwartet und was Sie dagegen tun können.

Ein Satz der nützlich sein kann die beziehung mit dem Narzisst zu beenden - egal ob freundschafliche oder eine Liebesbeziehung:

**"Ich habe Dich durchschaut und kann Dir nur sagen - es ist vorbei! Du kannst mich beschenken oder bedrohen, vergöttern oder verteufeln - bei mir wirst Du damit nichts mehr erreichen. Ich bin fertig mit Dir!"**

Besprechen wir etwas genauer diesen Satz. In diesem Satz sagen Sie dem Narzissten 3 schlimme Sachen gleichzeitig:

- dass Sie ihn durchschaut haben - eine von seiner große Ängste;

- dass sie seine Methoden kennen(Manipulationen, Schaukeln, Bedrohen);

- dass Sie ihm/ihr Ihre Ressourcen entziehen, ihn verlassen - noch eine große Angst von dem Narzissten.

Das muss ruhig und deutlich ausgesprochen werden. Ohne Begründung, ohne Kommentare und Erklärungen! Das ist sehr wichtig.Weil der Narzisst wird unbedingt nach Begründung fragen - dann kann er wiedersprechen! Er wird nach Beispiele fragen - was genau er/sie falsch gemacht haben sollte. Sobald Sie sich in dieses Gespräch einwickeln lassen - werden Sie sofort mit Gaslighting und Manipulation bearbeitet. SIE haben alles falsch interpretiert, IHRE Wahrnehmung nicht stimmt, IHRE reaktion ist nicht adequat usw. usw. Am besten gar nicht so weit kommen lassen. Grenzen Sie sich sofort ab, Sie brauchen nicht das Zimmer verlassen - es soll nicht nach Fluch aussehen! Aber sagen Sie ruhig und bestimmt:"Ich bleibe dabei. Wir sind fertig."

## 5 Stufen narzisstischer Reaktion auf eine Trennung

1. Zuerst wird der Narzisst/in versuchen Sie in ein Gespräch einzuwickeln, wird um Begründungen und Erklärungen bitten. Wenn da keine Reaktion von Ihnen kommt:

2. wird er seine Präsenz steigern, noch öfter anrufen, schreiben, mehrmals auf AB sprechen, evtl. sogar drohen. Kann um unpassende Zeiten anrufen- sehr spät Abends oder sehr früh morgens, mehrmals nacheinander usw. Wenn das auch keine Wirkung zeigt - kommt die nächste Stufe:

3. "so wie am Anfang" - womit hatte er/sie am Anfang Eurer Beziehung beeindruckt? Es wird wieder das vorgespielt, womit er schon ein mal Erfolg bei Ihnen hatte. Wenn er beruflich besonders erfolgreich war und Sie damit beeindruckt hat - wird er sich präsentieren mit wichtigen Leuten

in der Öffentlichkeit oder Zeitung, Socialmedien usw. - so dass Sie es bestimmt mitbekommen. Wenn es mehr persönlich war - wird er sich wieder liebevoll und fürsorglich zeigen, Blumen und Pralinen schicken, Sie ins langgeplanten und immer wieder verschobenen Urlaub einladen usw.

4. Wenn das auch nicht funktioniert könnte er richtig agressiv werden. so wie die 2. Stufe nur viel stärker und heftiger. Sie brauchen aber keine Angst zu haben - wenn Sie so weit gekommen sind, das bedeutet Sie haben fast gewonnen - die nächste Stufe ist die letzte!

5. Da der Narzisst/in sich selbst nicht mit Ressourcen versorgen kann und Sie standhaft geblieben Sind und von Ihnen bekommt er nicht mehr das was er braucht - muss er dringend ein neues Opfer suchen. Sie können sicher sein, dass sehr bald wird er/sie Ihren Nachfolger/in präsentieren - in alle Pracht, damit Sie sehen was für ein tolle Fang er gemacht hat und bereuen Ihre Entscheidung. Wenn Sie das alles durchhalten - können Sie stolz auf sich sein und das nächste Opfer nur bemitleiden.

## - Selbstwertgefühl und Selbstsicherheit bewahren und steigern;

Das größte Problem in so eine Beziehung ist dass das Opfer wird vom Narzissten so ausgesucht, dass es sowieso an der mangelhafte Selbstwertgefühl und Unsicherheit leidet. Ein Narzisst hat sehr oft ein Mauerblumchen als Partnerin. Also es ist unheimlich schwer über die "Steigerung" zu sprechen...

Sehr viele Frauen - erschrecken viele! definieren sich nur über ihren Partner oder Familie (Ehemann+Kinder) und lösen sich komplett in ihren Aufgaben auf. Eine perfekte Ehefrau, Hausfrau, Mutter gleichzeitig zu sein, allen recht zu machen, alle versorgen, alles schaffen. Gut, wenn Sie dafür Anerkennung bekommen. Erfahrung zeigt, dass nach einige Zeit wird diese Selbstlösigkeit als Selbstverständlichkeit angenommen. "Mama macht das schon" oder "Schatz, das schaffst Du auch alleine" - und dann wird es schon erwartet, das alles von allene funktioniert, dass Sie für alle da sind und alles fertig kriegen.

## - keine Angst/Hemmung sich die Hilfe zu holen!

Ich möchte damit nicht sagen dass Sie alle Ihre Pflichten und Angehörigen fallen lassen sollen und nur an sich alleine denken. Nein. Obwohl manchmal ist das ein Mittel der Wahl - ein Strich zu ziehen und alte Belastungen oder eiene toxische Person oder Beziehung zum Teufel zu scheren und ganz neu anzufangen. Dafür muss man aber ganz genau eigene Grenzen kennen und zeigen können und Mut haben für Veränderungen.

Auch ein sehr lange Weg fängt mit dem ersten Schritt an!

Die Adressen von Beratungstellen, Frauenhäuser, Hilfsorganisationen finden Sie im Internet, Gelbe Seiten usw.

**Zum Schluß möchte ich noch besprechen eine ganz besondere toxische Art von Beziehung, die Sie unbedingt vermeiden sollen!**

**Die toxische Beziehung zur SICH SELBST.**

Wenn andere auf uns toxisch eiwirken merken wir das und versuchen sich zu schützen oder zu fliehen. Uns wie schützt man sich von eigenen Gedanken? Von sich selbst kann man nicht weg laufen, nicht verstecken. Unsere eigene toxische Gedanken - ob das Selbstzeifel, Unsicherheit, Unzufriedenheit bleiben drin und auf Dauer zerfressen und von innen auf.

Es gibt mehrere Seelengifte, die wir selbst erkennen und behandeln sollten.

**Seelengift Nr.1 - Pessimismus.**

Natürlich ist das schwer in heutige Zeit freudig und optimistisch zu sein: Korona, Wirtschaftskriesen, Krieg, Naturkatastrofen, Narzissten usw. - wie kann man da positiv bleiben?? Dennoch sollten wir nicht verwechseln eine gesunde und ob´jektive Wahrnehmung der Realität mit Nigilismus "die Welt ist am Abgrund", "alles ist schlecht, "alle sind böse" "Ende der Welt naht, die Menschheit rottet sich selbst aus"...usw. usw. Solche Einstellungen werden von Verschwörungstheoretiker verbreitet und unterstützt, das ist auch Manipulation - von den Massen um noch mehr

Menschen in ihre Reihen zu bekommen.

Pessimismus ist im übertragenem Sinne die "schwarze Brille" die man ständig aufgesetzt trägt - man sieht alles schwarz! Und diese negative Energie hat ihre Wirkung: es raubt uns Lebensfreude und Energie unser Alltag zu beweltigen, zertört die Beziehungen - wenn Sie selber so negativ sind, dann sind sie für andere Menschen toxisch(! )und sie werden fruher oder später den Kontakt mit Ihnen meiden. Und wie ich schon beschrieben habe - die negative Emotionen und Gedanken lösen im Gehirn die Aktivität in Zentren aus die für Streß zuständig sind. Das bedeutet Dauerstreß. Statistisch nachgewiesen, dass die Pessimisten kürzere Lebenserwartung haben als die Optimisten!

Der beste Gegengift für Pessimismus ist - kein übermässiges Optimismus! Es gibt sogar ein Begriff "verbrecherischer Optimismus": es wird schon nichts passieren, oder es kann irgendwo und jemandem passieren, aber NICHT HIER und NICHT MIR! man mus schon realistisch bleiben. Aber das beste Mittel dagegen ist die Wertschätzung. Sehen und schätzen was man hat - im großen wie im kleinen. Natürlich ist das schwer in jeder niederlage eine Chance zu sehen oder sich keine Sorgen über die Zukunft zu machen wenn jeden Tag die Nachrichten mehr negative Information bringen als positive.

Wie vermeiden Sie solche negative Gedanken? Es geht nicht heute auf morgen, dass man sofort alle negative Gedanken abschaltet, aber tägliches Üben hilft. Wenn Sie sich ertappen auf so einer Gedanke - bevor Sie sich reinsteigern und immer weiter/tiefer gehen, halten Sie für einen Moment inne und lassen Sie diese Gedanke durch einen "Nützlichkeit - Filter" laufen. Dafür fragen Sie sich:" ist diese Gedanke hilfreich für mich? Gibt sie mir Kraft meine Lebensaufgaben zu beweltigen? Macht sie mich glücklich? Kann ich daraus etwas positives lernen?" usw. usw. Wenn diese Gedanke nicht durch diesen Filter durchkommt - sollte sie verworfen und vergessen werden.

## Seelengift Nr. 2 - Neid

Neid - ist einer der biblischen Sünden. Es geht nicht um das leichte Gefühl, wenn wir jemanden beneidenswert finden und genauso gut werden wollen. Es geht um tiefsitzende Neid, wenn es jemanden gar nichts gegönnt wird, wenn es dauerhaft zur negativen Emotionen führt und von innen auffrießt und keine Ruhe gibt. Nicht umsonst gibt es im Volksmund den Spruch "grün von Neid werden" oder "Gift und Galle spucken" - Neid wird eng mit der Leber und Galle verbunden und beim vertoffwecheln der Galle bekommt sie auf einer bestimmte Stufe die grüne Farbe.

Gegengift dafür - ob´jektiv zu bleiben. Wenn jemand sehr großen Erfolg hat - fragen Sie sich: "Wie hat er/sie das erreicht? Wie viel Zeit, Kraft, Energie schlaflose Nächte wurden da investiert? Wären Sie auch bereit so viele Opfer zu bringen?"

## Seelengift Nr.3 - Die Gier

Hier ist die Gier im breiten Sinne des Wortes gemeint: Gier auf das Geld und materielle Sachen, Gier aufs Essen, Trinken, auf Emotionen usw.

Diese Gier kann sehr oft zur Abhängigkeit führen, egal ob Rauchen oder Süssigkeiten, Kaufsucht oder Alkoholismus - das alles fängt im Prinzip mit der Gier an. Das ist nicht unbedingt die Habgier - sondern die Gier nach dem Gefühl des Befridigungs eines starken Verlangen. So wie beim Hunger oder Durst - wenn man denen lange ausgesetzt war und endlich stillen kann, ist das ein wunderbares Wohlgefühl gemischt mit Freude und Glück.

Das Gegengift dafür ist Vernunft: man sollte sich selbst genaû beobachten, wenn das Verlangen z.B. nach eine Sigarette beinahe den Höhepunkt erreicht und Sie fast bereit sind eine anzuzünden - genau in diesen Moment sollten Die sich ablenken! Kurz mal E-mails checken, einen Anruf machen, irgendeine Kleinigkeit die Sie als Hindernis/Bedinung für sich stellen:"ich mach noch das mal schnell und danach..." und solange Sie es machen - werden Sie merken dass Ihr Verlangen abschwächt, Sie sind abgelenkt und vielleich sogar für kurze Zeit vergessen was Sie machen wollten. So kann man u.a. gegen Rauchen oder Süssigkeiten vorgehen.

## Seelengift Nr.4 - Selbstzweifel

Sehr viele Menschen haben Schwierigkeiten die Entscheidungen zu treffen. Das hat nicht immer mit Selbstzweifel zu tun. Selbstzweifel als Seelengift wird meistens auch in der Kindheit eingefloßen und vergiftet langsam die Seele und das Leben. Wenn jemand ständig denkt oder fühlt, dass er/sie nicht gut genug ist, nichts wert ist, nichts schaffen kann - frisst das von innen auf, raubt die Lebensenergie und Freude. Solche unsichere

Personen werden sehr oft zu Opfern der toxischen Beziehungen.

Das Gegengift ist praktisch die Therapie, je nach Ausprägung von Symptomen. Selbstwertgefühl steigern, Selbstsicherheit verbessern.

**Seelengift Nr. 5 - Wut**

Jeder Mensch kann mal wütend werden - auf sich selbst oder auf die Umstände, behörden, andere menschen - das ist normal, solange es in gesunden Ramen bleibt.

Wut ist vielseitig und zerstörerisch. Es kann eine offene Agression sein - sogenannte aktiv-agressives Verhalten, wenn die Personnen die offene Konfrontation suchen, leicht reizbar sind und ihre Agression nach außen tragen. Dieses Verhalten ist auch selbstzerstörerisch, aber in erste Linie zerstört das die Beziehung zu anderen Personen, solche Personen sind sehr auffällig und können durch konsequentes Anti-Agressionstraining ihr verhalten langfristig verändern/verbessern.

Andere Art von Wut ist nicht so offensichtlich, aber mit noch mehr Zerstörungskraft weil sie längere Wirkungszeit hat, ganz besonders auf die eigene person. Das ist nach innen gerichtete Wut, sogenanntes passiv-agressives Verhalten. Das entwickelt sich, wenn seit Kindesalter wurde es verboten oder unterbunden die Wut offen zu zeigen, oder die Person hatte Angst das zu tun. Je länger wird die Wut unterdrückt und verstekt, desto höher ist die Selbstzerstörungskraft.

Dafür ist das gegengift - Achtsamkeit und Entspannung. Eine Therapie im Ramen "Gewaltlose Kommunikation" könnte auch hilfreich sein. Das problem ist - die betroffene Person soll es bewusst werden, dass sie diesen Gift in sich trägt und soll freiwillig und konsequent das/sich selbst verändern wollen!

Amerikanische Wissenschaftler haben die Tausende Patienten in Hospitzen befragt: Was bereuen sie am meisten in Ihrem Leben? Über 90% haben bereut, dass sie nicht ihr eigenes Leben gelebt haben, sie haben nur das getan - was von ihnen erwartet wurde: zuerst von Eltern, danach - von Lerern, Freunden, Chefs, Partner, Familie, Gesellschaft usw. Ihre eigene Wünsche und Bedürfnisse haben sie zurück gestellt oder untergeordnet - bis später irgendwann... Und dieses SPÄTER kommt manchmal gar nicht. Und wenn man merkt dass das Leben an ihm vorbei läuft, kann es schon zu spät sein. Das Leben ist zu kurz um sie aufzuschieben!

Ich möchte damit nicht sagen dass Sie alle Ihre Pflichten und Angehörigen fallen lassen sollen und nur an sich alleine denken. Nein. Obwohl manchmal ist das ein Mittel der Wahl - ein Strich zu ziehen und alte Belastungen oder eine toxische Person oder Beziehung zum Teufel zu scheren und ganz neu anzufangen. Dafür muss man aber ganz genau eigene Grenzen kennen und zeigen können und Mut haben für Veränderungen.

## 10 Regeln emotionale Hygiene - nicht nur bei toxischen Beziehungen!

1. Erzählen Sie nicht Ihre private Information fremden Menschen. Wenn Sie über Ihre Problemen, Sorgen oder auch Freude erzählen - machen ie sich angreifbar, verletzlich. Die Information kann gegen Sie verwendet werden oder einfach weiter erzählt.

2. Erzählen Sie nicht über Ihre Pläne und Ziele. Dabei teilen Sie Ihre positive Energie, zerstreuen Sie Ihre Kraft und Motivation, ganz besonders wenn die Reaktion vom Gesprächspartner negativ oder abwertend wird.

3. Nicht angeben und nicht zu viel über eigene Erfolgeerzählen. Damit stellen Sie sich selbst in eine ungünstige Position - Sie laden formlich Ihren Gegenüber Sie zu bewerten,bzw. abwerten!

4. Nicht jammern! Die negative Energie die Sie beim reden über Probleme, Krankheiten, Schulden, Ärger usw. durchdringt Ihren Unterbewusstsein und Sie unwissend programmieren sich selbst auf weitere negative Ereignisse.

5. Kritisieren Sie nicht, beurteilen Sie nicht die anderen. Das ist auch negative Energie die Sie frei lassen. Finden Sie lieber etwas Gutes und loben Sie und unterstützen Sie die anderen. Danach wird allen besser gehen.

6. Befreien Sie sich von Schulden aller Arten: finanziell, emotional, usw. Ob das ein Kredit oder ein Versprechen - das bringt Sie in die Abhängigkeit und macht Schuldgefühle und inneren Druck.

7. Erleben und durchleben Sie Ihre Emotionen! Wenn Sie das nicht machen mit Emotionen - machen das Emotionen mit Ihnen! d.h. unterdrückte und verdrängte Emotionen werden Sie immer wieder einholen. Sie werden immer wieder die ähnliche Situationen erleben die von gleiche Emotionen erfüllt sind.

8. Schützen Sie Ihre persönliche Grenzen!

9. "Ernähren" Sie Ihr Gehirn nur mit gute Information, notwendige für Realisation von Ihren Pläne und Wünsche. Wir bekommen täglich Unmenge an Information, die meiste davon ist für uns nicht wichtig oder sogar schädlich. Also, bewusst filtrieren die eingehende Information und

regelmässige Pausen einlegen - GANZ ohne Input!d.h. Handy, PC, TV aus! Die Zeit für sich nutzen und regenerieren.

**10.** Nutzen Sie hochwertige, vielseitige, tiefgreifende und komplizierte Information um Ihr Gehirn zu fördern und sich weiter zu entwickeln.

Printed by Books on Demand GmbH, Norderstedt / Germany